MIA SOPHIE SCHUTH

Die Nacht ist zum Träumen da

Mia Sophie Schuth

Die Nacht ist zum Träumen da

Novelle

mit Linoldrucken
aus Sophies Welten

Bibliografische Information der Deutschen Nationalbibliothek: Die Deutsche Nationalbibliothek verzeichnet diese Publikation in der Deutschen Nationalbibliografie; detaillierte bibliografische Daten sind im Internet über dnb.dnb.de abrufbar.

Verlag: BoD · Books on Demand GmbH, In de Tarpen 42, 22848 Norderstedt
Druck: Libri Plureos GmbH, Friedensallee 273, 22763 Hamburg

ISBN: 978-3-7693-0359-9

Dieses Buch ist allen vergessenen Träumen gewidmet.

Dieses Buch ist allen gewidmet, die noch träumen.

1
So weit du träumen kannst

Eine Prise Schnee wirbelte durch die Nacht. Glitzerte im Licht der Straßenlaterne wie Sternenschuppen. Luna blies eine Atemwolke zwischen ihren Fingern hindurch. Sie rückte die Sporttasche auf ihrer Schulter zurecht. Unter ihren Stiefeln knirschte der Streusand.

Die Zeiger der Kirchturmuhr auf der gegenüberliegenden Straßenseite standen eingefroren auf fünf nach acht. Genau dann hätte Lunas Vater sie abholen sollen: vor einer Viertelstunde. Jedenfalls schätzte Luna, dass sie bereits so lange vor der Schwimmhalle wartete, der Akku von ihrem Handy war leer. Sie vergrub die Hände tief in den Manteltaschen und stieß noch eine Atemwolke in die kalte Luft. Da ertönte ein leises Zischen über ihr, wie von einem Bus, der sich zum Bordstein neigt.

Luna blinzelte hinauf zu den Sternen, die immer mehr glitzernde Schuppen zur Erde rieseln ließen. Zwischen ihnen erschien tatsächlich ein Bus. Kein gewöhnlicher Bus. Zwar hatte er vier Räder, drei Klapptüren und große Fenster, doch dahinter war nichts zu sehen; sie schimmerten matt silbern, wie angelaufene Spiegel. Auch die

Leuchtschrift mit der Liniennummer und der Endhaltestelle fehlte. Das Merkwürdigste aber war, dass der Bus aus dem Himmel und nicht um die Straßenecke kam. Er schwebte vor Lunas Nase gemächlich zu Boden, als wäre er nur eine sehr große, seltsam geformte Schneeflocke. Die vordere Tür öffnete sich mit einem weiteren Zischen.

Zögerlich ging Luna ein paar Schritte darauf zu. Aus dem Augenwinkel sah sie ihren Schatten verschwommen über die spiegelnden Fensterflächen huschen. Vor der geöffneten Tür blieb sie stehen. Dort, wo normalerweise die Person saß, die den Bus steuerte, saß ein Affe. Oder etwas, das einem Affen ähnlichsah. Das Wesen hatte pechschwarzes, zotteliges Fell und sein Gesicht war eine weiße Maske, die Luna fragend anstarrte. Die ledrigen, ebenfalls schneeweißen Hände trommelten abwartend auf das Lenkrad. Sollte Luna einsteigen?

„Wohin fährt dieser Bus?", fragte Luna. Ihre Stimme klang unnatürlich laut. Erst jetzt fiel ihr auf, dass sie keinen Motor brummen hörte. Es war beinah gespenstisch still.

„So weit du träumen kannst."

Die Antwort hallte als Echo in Luna nach.

Für einen Moment stellte sie sich vor, wie sie mit dem Bus zwischen den Schneeflocken umherschwebte. Doch dann schüttelte sie den Kopf und trat zurück.

„Ich muss auf Papa warten."

Das Affenwesen nickte, die Türen schlossen sich. Es zischte und der Bus segelte davon.

Fünf Minuten später kam ihr Vater in seinem kleinen Auto um die Ecke gebraust und machte mit quietschenden Bremsen vor Luna halt. Er stieß die Beifahrertür auf.

„Tut mir leid, Süße, ich weiß, ich bin spät dran", sagte er. „Ich musste länger arbeiten."

„War klar", murmelte Luna. Sie ließ ihre Tasche in den Fußraum und sich auf den Beifahrersitz fallen. „Nächstes Mal nehme ich den Bus."

2
Wo Träume hingehören

So weit du träumen kannst. Der Satz ging Luna nicht mehr aus dem Kopf. Sie sah die weiße Maske des affenartigen Wesens genau vor sich und doch erschien ihr das Erlebnis bei Tageslicht irgendwie surreal. War wirklich ein Bus aus dem Himmel geschwebt oder hatte sie bloß wieder vor sich hingeträumt? Das passierte ihr häufiger. In der Schule im Geografie-Unterricht zum Beispiel.

Gerade deutete die Lehrerin mit ihrem dünnen Zeigestab auf einen Nebenarm der Donau und Jonas meldete sich.

„Das ist die Iller", sagte er.

In diesem Moment sah Luna aus dem Augenwinkel etwas am Fenster vorbeihuschen. Sie wandte sich von der Karte ab und spähte durch die regennassen Scheiben auf den grauen Schulhof. Der Klassenraum lag etwas unter dem Erdgeschoss, sodass der Großteil des Sichtfelds von struppigen Büschen versperrt wurde. Einer von ihnen wackelte verdächtig und etwas lilaschwarz Schimmerndes hüpfte aus dem Dickicht hervor. Als es Luna erblickte, erstarrte es. Es war eine Krähe mit goldenen Augen. Sie schien Luna zuzuzwinkern.

„Luna!"

Luna schreckte zusammen. Ihre Lehrerin funkelte sie über zwei Bankreihen hinweg wütend an. Sie pochte mit dem Stab auf die Mosel – so vehement, dass Luna schon dachte, sie wollte sie aufspießen wie einen sich windenden Wurm.

„Wo bist du mit deinen Gedanken?", fragte sie, aber Luna wusste, dass es ihre Lehrerin eigentlich nicht interessierte.

„Jetzt ist keine Zeit für Träumereien!", fuhr sie Luna an. „Die Nacht ist zum Träumen da!"

„Das ist die Mosel", sagte Luna, bevor ihre Lehrerin den Fluss doch noch durchbohrte.

Als sie eine Minute später wieder aus dem Fenster schaute, war die Krähe mit den goldenen Augen verschwunden.

Und das war nicht das erste Mal gewesen. Es geschah besonders oft in den ersten Stunden nach dem frühen Aufstehen oder wenn schlechtes Wetter war und es den ganzen Tag über nicht richtig hell wurde.

„Sie hat eben eine lebendige Fantasie", hatte Lunas Mutter entschuldigend bei einem Gespräch mit dem Direktor erklärt, zu dem sie mussten, nachdem Luna einmal nicht zum Unterricht erschienen war.

Sie hatte einen Luftballon in den Park zum großen Kirschbaum gebracht, weil dem Ballon die Puste ausgegangen war und er nicht mehr von der Straße hochkam. Mit einem Schnürsenkel am Baum festgebunden konnte er nun wieder im Wind umherhopsen.

Zu Hause hatte Lunas Mutter ihr eine Predigt darüber gehalten, dass solche Geschichten in Bücher gehörten und nicht ins wirkliche Leben. Sicher würde sie das wieder tun, wenn Luna nach dem Schwimmen in den Bus stieg, statt zu ihrem Vater ins Auto. Dennoch hatte Luna das unbestimmte Gefühl, dass sie es tun musste.

Am darauffolgenden Dienstag war allerdings Mama dran mit abholen und sie war immer pünktlich. Bei ihr gab es auch keine Tiefkühlpizza wie bei Papa, sondern selbstgemachten Kartoffelauflauf mit Brokkoli und als Nachtisch Mousse au Chocolat. Luna erzählte ein bisschen von der Schule, sie sahen einen Film, putzten sich die Zähne und dann ging es ins Bett. Wo Träume hingehören.

3
Was kosten Träume?

Feiner Nebel stieg vom beheizten Außenbecken auf und wurde vom Winterwind zu weißen Wirbeln verweht. Luna trieb mit von sich gestreckten Armen und Beinen auf dem Wasser und betrachtete das kalt leuchtende Kratergesicht des Mondes. Außer Luna war niemand mehr draußen und sie hatte das Gefühl, dass der Mond sie direkt anblickte. Von dort oben sah sie wahrscheinlich wie ein ganz kleiner von gelbem Haar-Tang bewachsener grüner Seestern mit dünnen, bleichen Armen aus.

Da ertönte wieder das Zischen, das Luna vor zwei Wochen zum ersten Mal gehört hatte. Und dort kam er. Der seltsame Bus mit den spiegelnden Scheiben schwebte aus dem Himmel herab, wurde über ihr größer und größer. Schnell drehte sich Luna auf den Bauch, tauchte unter dem Plastikvorhang hindurch, stieg auf der anderen Seite aus dem Wasser und lief durch die Glastür zum Innenbereich. Sie musste sich zwingen, nicht zu rennen, um nicht auf dem nassen Boden auszurutschen, so eilig hatte sie es, in die Umkleide zu kommen. Anders als sonst, duschte sie sich nur flüchtig ab, und statt zu föhnen, rubbelte sie ihre Haare nur kurz mit dem Handtuch durch, bevor sie sie unter ihre Mütze stopfte. Beim Ausgang zeigte Luna ungeduldig ihre Dauerkarte vor, dann stürmte sie ins Freie.

Der Bus war noch da.

Erleichtert stolperte Luna die letzten Schritte bis zur geöffneten Vordertür. Ihr Herz hüpfte wild in ihrer Brust. Das Affenwesen hinter dem Lenkrad wandte ihr das weiße Gesicht zu. Als es ihr Zögern bemerkte, neigte es einladend sein Haupt. Luna gab sich einen Ruck und stieg ein.

„Was kostet eine Fahrt?", fragte sie, ihr Portemonnaie noch griffbereit.

„Das kommt darauf an...", war die rätselhafte Antwort. Das Affenwesen richtete den Blick nach vorn und die Türen schlossen sich hinter Luna.

„Worauf kommt es an?", hakte Luna verwirrt nach.

„Setz dich einfach hin, damit wir loskönnen!", begehrte eine quengelige Stimme links von ihr auf.

Überrascht wandte Luna sich zum Wageninneren. Alle Sitze waren leer, bis auf einen in der ersten Reihe. Dort saß ein Junge. Er hatte glatte, weizenblonde Haare bis über die Ohren, trug einen dicken Strickpullover und darüber eine dunkelblaue Latzhose. Er war einen Kopf kleiner als Luna und starrte sie abwartend an.

„Ich muss nicht bezahlen?", fragte Luna.

„Jedenfalls nicht mit Geld", erwiderte der Junge.

Luna runzelte die Stirn, doch dann zuckte sie die Achseln – am Ende war es ja eh nur ein Traum. Sie steckte das Portemonnaie weg und ließ sich neben den Jungen auf das samtschwarze Polster fallen.

„Na endlich!", sagte er und der Bus hob geräuschlos vom Boden ab.

4
Zeit zum Träumen

„Fährst du öfter mit diesem Bus?", fragte Luna den Jungen neben ihr.

„Fast jede Nacht", antwortete er.

„Also weißt du, wohin wir fahren?"

„Ja und nein." Er grinste schief. „Der Ort hat keinen Namen und viele und eigentlich ist er kein Ort, aber die meisten nennen ihn ‚Traumwelt' oder ‚Nachtland'."

„Na super, noch mehr kryptische Antworten", dachte Luna. Trotzdem fragte sie weiter: „Die meisten? Heißt das, es fahren noch mehr Leute mit diesem Bus?"

„Klar, sonst wären hier doch nicht so viele Sitze."

Just in diesem Moment sank der Bus erneut ab und die hintere Tür öffnete sich. Luna fuhr herum. Eine gebeugte Gestalt stieg ein und setzte sich ganz ans Ende des Busses, ohne sie eines Blickes zu würdigen. Die Tür schloss sich wieder und es ging zurück in den Himmel.

„Kennst du die?", flüsterte Luna dem Jungen zu.

Er zuckte die Achseln.

„Ich achte nicht so darauf, wer unterwegs zusteigt. Ich will bloß ankommen."

„Wie lange fährt denn der Bus?", hakte Luna besorgt nach. Nicht, dass sie ihren Vater verpasste, wenn er sie von der Schwimmhalle abholen kam.

„Ach, das ist egal, Zeit spielt beim Träumen keine Rolle", erwiderte der Junge leichthin.

Konnte er nicht *einmal* Klartext reden?

Doch dann erinnerte Luna sich, wie sie letztens vor der Schule nach dem ersten Wecker nochmal eingedöst war. Als der Wecker zum zweiten Mal klingelte, hatte sie sich gewundert, dass nur zehn Minuten vergangen waren – die Zeit im Traum hatte sich eher wie zehn Tage angefühlt.

„Ich glaube, ich verstehe", meinte sie.

„Das brauchst du nicht, aber wenn du dich damit besser fühlst…", der Junge zuckte erneut mit den Schultern.

Ziemlich arrogant. Luna wandte sich ab und versuchte, durch die spiegelnden Scheiben hinauszusehen. Aber da war nur ihr verzerrtes Spiegelbild und sie schaute rasch wieder weg. Der Bus kam mit einem Ruck zum Stehen.

„Wir sind da!", verkündete der Junge und drängelte an Luna vorbei.

„Ey!", beschwerte sie sich.

„Nun komm schon!" Mit einem Winken hüpfte er aus der Vordertür.

Luna spähte hinter sich, die gebeugte Gestalt war bereits verschwunden. Luna war die Letzte. Plötzlich bekam sie Angst, dass der Bus gleich wieder abfahren würde. Sie sprang vom Sitz und hastete auf wackeligen Beinen dem Jungen hinterher.

Sie landete auf den Knien in feuchtem Gras. Schwarzes Gras, das in violettem Licht matt glänzte. Das Licht kam von ein paar kürbisförmigen Laternen, die willkürlich über einige Bäume verteilt waren, die einen schmalen Pfad ein Stück links von Luna säumten. Sie rappelte sich auf und steuerte darauf zu.

5
Traumwandlerin

Der Junge war verschwunden. Und als Luna über die Schulter sah, war auch der Bus fort. Es gab kein Zurück mehr.

Luna folgte dem lila beleuchteten Pfad durch eine sich windende Allee knorriger Bäume, die genauso schwarz und glatt wirkten wie das Gras zwischen ihren Wurzeln. Hinter ihnen waberte diffuse Dunkelheit. Und es war still, totenstill. Die Sohlen von Lunas Stiefeln verursachten nicht das leiseste Geräusch auf dem mit runden Steinen gepflasterten Weg.

Er schlängelte sich wie eine lilafarbene Schlange durch die dunklen Bäume; eine platte Schlange ohne Kopf und ohne Schwanz. Als Luna genauer hinsah, waren es nicht mehr ihre Füße, die sich über den Boden bewegten, sondern der Boden, der sie vorantrug. Schwankend kam sie zum Stehen, doch die Bäume zogen weiter im Schritttempo an ihr vorbei. Unsicher ließ Luna sich auf die Knie sinken und fuhr mit einer Hand über den Kies. Er fühlte sich an wie die Schuppen einer Schildkröte und bebte leicht unter ihrer Berührung. Die Geschwindigkeit, mit der die Bäume vorbeizogen, nahm mit einem

Mal zu. Ein überraschtes Lachen entschlüpfte Lunas Kehle. Sie krallte sich in den Rillen zwischen zwei Steinen fest und genoss den Fahrtwind. Das Rauschen in den Ohren war ihr nach der bedrückenden Stille sehr willkommen. Sie schloss die Augen.

Da veränderte sich der Boden unter ihr, wurde weich und klebrig und bewegte sich nicht mehr. Sie öffnete gerade noch rechtzeitig die Augen, um einen sanften lila Schimmer in der Erde unter ihren Fingern verblassen zu sehen. Die Sonne schien golden durch das Laub eines grünen Waldes. Vogelgezwitscher. Zwischen efeubewachsenen Stämmen wuchsen Farne und Moose. Dicht neben Luna huschte eine kleine, braune Maus vorbei.

Luna rappelte sich auf und klopfte sich ein paar Blätter von der Kleidung. Vor ihr lichtete sich das Geäst ein wenig und sie meinte, zwischen den Stämmen ein gelbes Kornfeld zu erkennen. Sie ging darauf zu. Nach wenigen Schritten trat sie aus dem Wald unter einen blauen Himmel. Ein großer, schwarzer Vogel segelte über sie hinweg, talwärts, wo ein kleines Dorf lag.

Wer wohl in dem Dorf leben mochte? Aufgeregt suchte sich Luna einen Weg durch das Korn.

Die Grannen piekten ein wenig, aber das Getreide roch angenehm nach frischem Brot. Oder kam der Duft aus dem Schornstein dort drüben? Wurde hier noch im Steinofen gebacken? Luna lief das Wasser im Mund zusammen.

Bald erreichte sie einen Hof mit einer Scheune zur Linken und einem ziegelgedeckten Haus mit einem gepflegten Garten zur Rechten. Dazwischen führte ein Trampelpfad ins Innere des Dorfes. Tatsächlich hing an der Vorderseite des Hauses ein hübsches, altes Schild mit der Aufschrift „Bäckerei" und durch das Schaufenster sah Luna, wie eine mit einer Schürze bekleidete Frau dampfende Brötchen in die Auslage stellte.

„Da bist du ja", sagte eine Stimme hinter Luna. Sie wandte sich um.

Es war der Junge aus dem Bus.

„Lust auf eine Mohnschnecke?"

Seine Stimme klang merkwürdig verschwommen. Luna blinzelte.

Und er war weg.

Es war dunkel und nieselte und vor Luna stand das Auto ihres Vaters. Er hatte die Scheibe heruntergelassen, hielt ihr eine Papiertüte hin und sah sie fragend an.

6
Schlaflose Träume

An diesem Abend konnte Luna nicht einschlafen. Das Bild von dem Dorf im Tal ließ sie nicht los. Der Duft aus der Bäckerei hing ihr noch in der Nase. Musste sie wirklich wieder eine ganze Woche warten, um mit dem Bus in die Traumwelt zurückzukehren? Hatte der blonde Junge nicht gesagt, dass er fast jede Nacht damit fuhr? Konnte sie das auch?

Der Mond schien durch die blauen Gardinen mit den aufgedruckten gelben Fischen ins Zimmer. Luna hatte sie sich zu ihrem fünften Geburtstag selbst ausgesucht und sich seitdem nie andere gewünscht. Sie erinnerten sie an eine leichtere Zeit, in der ihre Eltern noch beide nebenan in einem großen Bett geschlafen hatten.

Leise, um ihren Vater nicht zu wecken, schlüpfte Luna aus dem Bett und ging barfuß ans Fenster. Sie fuhr mit den Fingern über den rauen Stoff, zog ihn ein Stück zur Seite und schaute zum zweiten Mal in dieser Nacht in das bleiche Kratergesicht des Mondes. War es wirklich erst drei Stunden her, dass sie im Außenbecken der Schwimmhalle auf dem Rücken geschwommen war?

Zeit spielt beim Träumen keine Rolle. Was sollte sie also davon abhalten, jetzt gleich wieder in die Traumwelt zu reisen? Sie suchte den Himmel nach einem Zeichen des Busses ab. Sollte sie das Fenster öffnen? Vielleicht konnte der Bus direkt vor ihr Fenster schweben. Falls er überhaupt kam... Gab es denn nur diesen Weg in die Traumwelt? Luna bereute es, den frechen blonden Jungen in der Latzhose nicht weiter ausgefragt zu haben.

Da entdeckte sie eine Krähe auf dem Dach gegenüber. Ihr Gefieder glänzte lila-schwarz im Mondlicht. Aber es waren ihre golden blitzenden Augen, die Lunas Aufmerksamkeit auf sich gezogen hatten.

War es dieselbe Krähe, die Luna schon auf dem Schulhof gesehen hatte? Und auf dem Ausflug mit Mama auf den Jahrmarkt? Bei dem es so furchtbar geschüttet hatte, dass die Zuckerwatte in Lunas Hand zu einem klebrigen Klumpen geschmolzen war. Die Krähe auf dem Spielplatz mit der quietschenden Wippe, auf der Luna ganze anderthalb Stunden gesessen und auf ihren Vater gewartet hatte. Auf dem Mülleimer vor dem Scheidungsgericht. Und bei ihrem siebten Geburtstag, den sie nicht gefeiert hatten. Die

Krähe, die sie das erste Mal auf dem Friedhof gesehen hatte, wo Felix begraben lag.

Die Krähe mit den goldenen Augen klappte den Schnabel auf und stieß einen lauten Schrei aus, der die Fensterscheiben zum Zittern brachte. Luna taumelte zurück – und fiel.

7
Trauminneres

Sie fiel und fiel. Über ihr wurde die mit fluoreszierenden Plastiksternen beklebte Zimmerdecke immer kleiner.

Der anfängliche Schock flaute ab, ließ Luna orientierungslos benommen zurück. Sie geriet in einen Strudel aus schwarzem Nebel mit violetten und türkisfarbenen Schlieren. Dann verlangsamte sich ihr Fall und als sie mit den Armen schlug, drehte sie einen Looping. Wie ein Blatt in einer leichten Brise schaukelte sie hin und her.

„Das muss ich träumen", dachte Luna und ein Lächeln breitete sich über ihr Gesicht. Sie hatte es geschafft! Sie hatte ohne den Bus den Weg ins Nachtland gefunden! Aber wo war sie bloß? Das war nicht die schwarze Allee mit dem Pfad, der eigentlich eine Schlange war.

Sie versuchte, durch den Nebel zu blinzeln, doch das schien ihn nur dichter zu machen. Bis er fast alles Licht verschluckte. Und Lunas Fall wurde wieder schneller. Instinktiv tasteten ihre Hände nach einem Halt, aber sie fanden keinen. Ihr Puls raste. Sie presste die Lider fest zusammen und stellte sich vor, sie hätte Flügel wie die

Krähe, die sie abfangen und an einen schöneren Ort tragen würden.

„Krah!"

Luna riss die Augen wieder auf.

„Krah! Krah!" Pfeilschnell schoss der schwarze Vogel von oben auf sie zu und wirbelte um sie herum. „Krah!"

Ein heftiger Ruck ging durch Lunas Rücken, ihr Fall bremste ab. Über ihren Schulterblättern spannten sich neue Muskeln, um sie herum rauschten große, schwarze Federn. Luna streckte die Arme aus, berührte das erstaunlich weiche Gefieder. Sie hob die Flügel gleichzeitig mit den Armen und schlug sie unter sich zusammen. Der Nebel zerstob.

Luna blickte auf einen grünen Wald, gelbe Felder und rote Häuschen im Tal zwischen grauen Bergen. Sie hatte das Dorf gefunden! Sie war zurück! Und sie konnte fliegen! Begeistert schlug Luna noch einmal mit ihren Schwingen, ehe sie sie flach anlegte und in den Sturzflug ging.

„Krah!"

Die Krähe schoss an ihrer Seite durch die Luft, ihre goldenen Augen blitzten.

Sie landeten auf dem Dach der Bäckerei, Luna mit einigen Schwierigkeiten. Sie verheddterte sich in den ungewohnten, überdimensionierten Gliedmaßen, stieß sich den Kopf am Schornstein und wäre beinah die Schräge heruntergekugelt, wenn nicht ein Griff um ihr Handgelenk sie vor dem Sturz gerettet hätte.

„Du hast es aber eilig."

Hinter Luna stand der blonde Junge, hielt sie mit einer Hand fest und klammerte sich mit der anderen an den Schornstein.

„Warte was?" Verwirrt schaute sich Luna nach der Krähe um. „Du?"

Er zog fragend seine Brauen in die Höhe.

„Du bist die Krähe mit den goldenen Augen!"

„Ich bin Felix", sagte er.

Luna wurde schwindelig. Ihre Füße rutschten auf den Ziegeln aus und sie fiel zum zweiten Mal in dieser Nacht ins Dunkel.

8
Kein Traum

Luna schlug die Augen auf. Blendender Schmerz. Schnell schloss sie die Augen wieder.

„Luna?"

Sie stöhnte.

„Luna!" Es war Papas Stimme. „Meine Güte, Luna, was ist passiert?"

Ja, was war passiert? Warum dröhnte ihr Kopf so laut, dass sie ihren Vater kaum verstand?

„Luna, kannst du mich hören?"

Sie spürte, wie er ihre Hand drückte und erwiderte den Druck.

„Ich habe den Krankenwagen gerufen, er wird gleich da sein. Es wird alles gut." Seine Stimme zitterte ein wenig.

Mit der freien Hand tastete Luna nach ihrem Kopf. Kein Blut, nur höllischer Schmerz. Was war passiert?

„Papa", murmelte sie.

„Ich bin hier, alles wird gut." Er streichelte vorsichtig über ihre Wange. „Soll ich dir ein Glas Wasser holen?"

Erst jetzt bemerkte Luna, wie trocken ihr Mund war. Sie krächzte ein Ja.

Ihr Vater drückte noch einmal ihre Finger und stand dann auf.

„Ich bin gleich zurück, bleib einfach liegen, Schatz." Die Holzdielen knarrten unter seinen eiligen Schritten. Sie hörte, wie er in der Küche einen Schrank öffnete und den Hahn aufdrehte. Dann kamen die knarrenden Schritte zurück.

„Brauchst du einen Strohhalm?"

„Nein, geht schon." Luna stemmte sich langsam in eine sitzende Position. Ihr Vater half ihr, steckte ein Kissen unter ihren Rücken.

„Kannst du das Licht ausmachen?"

„Klar."

Der Schalter klickte.

Und endlich konnte Luna die Augen öffnen.

Mondlicht.

Papa, der vor ihr kniete. Ein wenig verschwommen. Er hielt ihr ein Glas hin.

„Danke."

Es klingelte. Papa ging zur Tür. Entfernt nahm Luna wahr, wie er mit den Sanitätern sprach. Sie konzentrierte sich darauf, langsam einen Schluck nach dem anderen zu trinken. Das kühle Wasser besänftigte das Dröhnen in ihrem Kopf.

Die Sanitäter hoben Luna auf ihr Bett und untersuchten sie. „Ganz schöne Beule", sagten sie. Wie das passiert sei, hätten sie auch gern gewusst. „Aber nichts Ernstes." Ein, zwei Tage Bettruhe könnten nicht schaden. Schließlich verabschiedeten sie sich mit: „Rufen Sie uns an, wenn irgendwelche Probleme auftreten." Lunas Vater brachte sie zur Tür.

Die nächsten Stunden blieb er neben Lunas Bett sitzen, reichte ihr Wasser an und las ihr etwas vor. Das hatte er schon sehr lange nicht mehr getan. Sie sah ihm an, wie müde er war, doch er ließ sich nicht dazu überreden, wieder ins Bett zu gehen. Irgendwann glitt sie in einen traumlosen Schlaf.

Als sie erwachte, waren die Kopfschmerzen beinah vollständig abgeklungen und Papa schnarchte leise auf seinem Stuhl. Luna angelte sich das Wasserglas von ihrem Nachttisch, lehnte sich zurück in die Kissen und schaute durch einen Spalt zwischen den Gardinen aus dem Fenster. Dem Stand der Sonne nach zu urteilen, war es bereits Mittag. Sie weckte ihren Vater, damit er bei der Schule und bei der Arbeit anrief, und er machte Frühstück.

9
Wir sehen uns im Traum

In den Tagen nach ihrem nächtlichen Sturz stand Luna ein wenig neben sich. Sie konnte nicht genau sagen, woran es lag. Kopfschmerzen hatte sie keine mehr, außer wenn sie versehentlich gegen die Beule stieß. Es kam ihr vor, als wäre etwas Wichtiges passiert, an das sie sich nicht mehr erinnern konnte.

Ihre Mutter machte sich große Sorgen und ihrem Vater Vorwürfe. Nachdem er sie erst am nächsten Morgen benachrichtigt hatte, kam sie sofort vorbei und wollte Luna zu sich holen. Sie wurde fuchsteufelswild, als Papa auf der verordneten Bettruhe beharrte und bestand ihrerseits darauf, bis zu Lunas Genesung auf der Couch zu übernachten. So hörte Luna beim Aufwachen ihre streitenden Stimmen und wurde von der anschließenden Stille am Frühstückstisch erdrückt.

Nach drei Tagen hielt sie es nicht mehr aus.

„Nein, Mama, mir geht es gut! Ich werde jetzt spazieren gehen. Und nächste Woche will ich wieder zur Schule." Sie sagte das so entschieden, dass ihren Eltern keine Erwiderung einfiel, bevor sie ihren Mantel geschnappt hatte und aus der Tür war.

Draußen empfing sie milde Frühlingsluft an-
gefüllt mit Blumenduft und munterem Vogelge-
sang. Scheinbar hatte Luna den Jahreszeiten-
wechsel komplett verpasst. Sie ließ den Mantel
offen und schlug den Weg zum Friedhof ein.

Auf dem Friedhof war unter der Woche mor-
gens nicht viel los. Nur eine alte Dame kniete vor
einem Grab und jätete Unkraut. Luna grüßte sie
im Vorübergehen. Ihre Beine führten sie auf Irr-
wegen zu einem schlichten kleinen Stein, von
dem sich eine Patchwork-Decke aus immergrü-
nen Spindelsträuchern, Hebe und Thymian bis
zu Lunas Füßen ausbreitete. Nachdenklich
schaute sie auf das Grab herunter. Da stand ihr
eigener Nachname eingemeißelt. Wie seltsam,
dass darunter jemand liegen sollte, der mit ihr
verwandt war, ohne dass sie ihn kannte. Felix.

Es war nicht geplant gewesen, dass ihre Mut-
ter ein zweites Mal schwanger wurde; Lunas Ge-
burt war bereits schwierig gewesen. Trotzdem
hatten sich ihre Eltern riesig gefreut und auch
Luna erinnerte sich, dass sie ganz aufgeregt über
Mamas dicken Bauch gestreichelt und mit ihr Ba-
bysachen ausgesucht hatte. Für ihren kleinen
Bruder Felix.

Er wurde einen Tag vor Lunas siebtem Geburtstag im Krankenhaus geboren. Luna war mit ihrer Tante zu Hause geblieben, hatte ungeduldig darauf gewartet, dass Mama und Papa mit ihrem kleinen Bruder zurückkamen. Aber nur Papa war zurückgekommen und er sah gar nicht mehr glücklich aus.

Das war jetzt fünf Jahre her. Ein Jahr nach Felix' Tod hatten sich Lunas Eltern scheiden lassen. Luna war wütend und traurig gewesen, aber vor allem verstand sie nicht, wie jemand nur drei Stunden leben konnte.

Felix. Sie wusste nicht einmal, wie ihr Bruder aussah. Oder vielleicht doch? Er musste blond sein wie sie und wäre jetzt fünf Jahre alt. Ein kleiner, frecher Junge.

Luna zog eine etwas zerfledderte schwarze Feder aus der Manteltasche, die sie am Dienstag auf dem Schulhof gefunden hatte. Sie steckte sie zwischen die Pflanzen auf dem Grab.

„Wir sehen uns im Traum", versprach sie und ging.

10
Ein traumhafter Tag

Luna lag wach in ihrem Bett und lauschte dem prasselnden Regen, der gegen ihre Fensterscheibe schlug. Als sie vom Friedhof wiedergekommen war, hatte ihre Mutter erst mit ihr geschimpft, dass sie nicht einfach so losgehen könne, ohne ihr zu sagen, wohin. Dann hatte sie Papa beschuldigt, dass er sich nicht genug um Luna kümmere. Und dann hatte sie Luna mit zu sich genommen.

Es hatte gefüllte Teigtaschen zum Abendessen gegeben. Lunas Hände rochen immer noch nach dem Knoblauch, den sie gehackt hatte.

Sie hielt die Augen geschlossen und dachte darüber nach, was sie vorhin erkannt hatte. Zwar erinnerte sie sich immer noch nicht, was genau bei ihrem Sturz passiert war, aber sie wusste jetzt wieder, dass es die ganze Zeit Felix gewesen war, der ihr im Traum begegnete und ihr als Krähe erschien. Irgendwie wusste sie auch, dass sie ihn heute noch nicht wiedersehen würde. Aber das war in Ordnung, sie konnte bis Dienstag warten, um wieder den Bus zu nehmen. Das war offensichtlich der sicherere Weg ins Nachtland.

Sie drehte sich auf die Seite und schlief über mögliche Pläne fürs Wochenende ein.

Sie wachte erfrischt gegen neun Uhr auf, schüttete sich Müsli in eine Schüssel und kochte Kaffee. Angelockt vom bitter-süßen Duft des Versöhnungsangebots schlappte Mama im Morgenmantel in die Küche.

„Na, du bist aber früh aus den Federn", bemerkte sie und ließ sich auf einen Stuhl plumpsen. Normalerweise war Luna am Wochenende genauso ein Morgenmuffel wie ihre Mutter.

„Die frische Luft scheint mir gutgetan zu haben", erwiderte Luna. „Deshalb habe ich überlegt, dass wir heute in den Botanischen Garten fahren, wenn du auch Lust hast." Luna stellte eine dampfende Tasse vor ihrer Mutter auf den Tisch und sah sie fragend an.

„Ja, also äh, klar", antwortete die etwas überrumpelt und nippte an ihrem Kaffee.

„Prima, dann bereite ich gleich ein Picknick vor!"

Beschlossen und verkündet. Sie schmierten Sandwiches, füllten Tee in eine und mehr Kaffee in eine andere Thermoskanne, packten Äpfel, ein Pudding im Glas und eine Decke in die Gepäckträgertaschen an ihren Fahrrädern und radelten gemütlich nebeneinanderher in den Botanischen Garten.

Die Sonne schien, Vögel zwitscherten und erste Zitronenfalter flatterten herum. Sie breiteten die Decke auf der Wiese unter der großen Platane aus und ließen sich ihr Frühstück schmecken. Keine Krähe weit und breit. Trotzdem oder gerade darum wurde es ein traumhafter Tag.

11
Wie im Traum

Das Wochenende mit ihrer Mutter war voller Radtouren, Picknicks, Gelächter und Schmetterlinge. Umso härter war der Kontrast zum Unterricht am Montag. In nur fünf Tagen hatte Luna vergessen, wie trostlos es sein konnte, um acht Uhr auf einem unbequemen Stuhl in einem unterkühlten Raum zu hocken, der nach Kreidestaub, Müdigkeit und dem Maschinenkaffee der Lehrerin roch, während von draußen die Sonne lockte. Wie eingesperrt saß sie am Fenster und starrte verständnislos zur Tafel, an der eine Formel stand, die sie abschreiben und herleiten sollte. Abgeschrieben hatte Luna die Ziffern, Buchstaben und mathematischen Zeichen bereits, doch in ihrem Kopf war nur ein Gedanke: „Ich will hier raus!"

Sie richtete den Blick wieder auf ihr Heft. Sie hasste kariertes Papier. Es gab ihr nur noch mehr das Gefühl, eingeschränkt zu werden. Jede Ziffer, jeder Buchstabe, jedes Zeichen bekam ein Kästchen. Alles an seinem Platz. Alles schön übersichtlich, strukturiert, alles unter Kontrolle.

Luna legte ihren Füller beiseite und griff nach einem schwarzen Buntstift. Ohne groß zu überlegen, drückte sie ihn aufs Blatt und begann, über die Kästchen hinweg zu malen. Alles schwarz. Bis fast die gesamte Seite von Federn bedeckt war. Dann zeichnete sie der Krähe noch lederne Beine mit spitzen Krallen und einen über den rechten Heftrand hinausschauenden Kopf mit glänzendem Schnabel. Zu guter Letzt gab sie ihm mit einem zweiten Stift ein goldenes Auge.

Als Luna wieder aufsah, stand die Herleitung der Formel komplett an der Tafel. Um sie herum waren die meisten eifrig am Wegstreichen und Abschreiben. Manche fluchten leise vor sich hin oder tuschelten mit der Sitznachbarin. Ein paar wenige grinsten selbstgefällig, den Füller demonstrativ aus der Hand gelegt.

Die ganze Szene wirkte auf Luna irgendwie surreal. Was taten diese Menschen hier? Alle in ihrem Kästchen. Die Lehrerin in ihrem Becher. Am liebsten hätte Luna mit einem riesigen Buntstift über alle Tische und Bänke und über die Tafel gemalt.

Die Pausenglocke schrillte. Füller schrappten ungeduldiger übers Papier. Jacken wurden geräuschvoll übergestreift. Die Lehrerin nahm einen letzten Schluck von ihrem Kaffee und verabschiedete sich: Hausaufgabe im Buch, Seite 215, Aufgaben 1b-f, 2d und 4a,c und e.

Luna nahm ihr Mathematik-Heft und ihre Federtasche mit auf den Hof. Sie machte es sich im Schatten am Fuß der Kastanie gemütlich und zeichnete weitere Vögel über die Kästchen hinweg.

12
Wen träumst du nachts?

So gelassen sie noch am Freitag gewesen war, so aufgeregt war Luna am Dienstag auf dem Weg zur Schwimmhalle.

Sie zog ihre Bahnen wie ferngesteuert und schaute andauernd zur großen Uhr. Die Zeiger schoben sich quälend langsam voran. Sollte sie einfach früher gehen? Zeit spielte beim Träumen doch keine Rolle, warum also sollte der Bus nicht auch schon eher kommen. Am Ende hielt sie es nicht mehr aus, kletterte aus dem Becken, duschte, wand sich das Handtuch um die nassen Haare und stolperte eine Viertelstunde zu früh ins Freie.

Der Bus wartete bereits auf sie. Und vor dem Bus hockte eine Krähe mit golden blitzenden Augen. Beklommen ging Luna zu dem schwarzen Vogel und blieb zwei Schrittlängen von ihm entfernt stehen.

„Hallo, Felix."

Die Krähe neigte den Kopf zur Seite und gab ein kurzes „Krah" von sich.

Luna nickte mehr zu sich selbst, setzte sich wieder in Bewegung und stieg ein. Die Krähe hüpfte ihr hinterher.

Als sie das Affenwesen am Steuer grüßte, wandte Luna der Krähe einen Moment den Rücken zu, im nächsten drängelte sich ein kleiner, blonder Junge an ihr vorbei und rutschte auf den Fensterplatz direkt bei der Tür.

„Erster!"

Wieder verharrte Luna unschlüssig. Der Bus hob gemächlich ab.

„Na komm, setz dich zu mir!" Felix klopfte auf den Sitz neben sich.

Sie gab sich einen Ruck.

„Bist du mein Bruder?", platzte sie direkt heraus, nachdem sie Platz genommen hatte, wagte dabei allerdings nicht, ihn anzusehen.

„Ich könnte es wohl sein."

Sie sah ihn aus den Augenwinkeln die Achseln zucken und wollte gerade zu einem Protest gegen diese kryptisch-vage Antwort ansetzen, da fügte er hinzu: „In der Welt der Träume sind wir, wer wir sein könnten; Erinnerungen, Einbildungen, verborgene Wünsche, Ängste, Vögel, Geister… Eine Nacht Fremde, die andere Bruder und Schwester."

Luna starrte ihn mit offenem Mund an. Er hatte gar nicht mehr wie der freche Fünfjährige von ihrer ersten Begegnung geklungen.

Er grinste.

„Was glotzt du denn so, Schwesterherz?" Da war er wieder. „Hast du Lust, heute mit ins Archiv zu kommen?"

„Welches Archiv?"

„Das Archiv der vergessenen Träume natürlich!"

13
Das Archiv der vergessenen Träume

Als sie aus dem Bus ausstiegen, steuerte Luna sofort auf die lila leuchtende Allee zu.

„Halt, wo willst du hin?", rief Felix ihr nach.

Luna drehte sich zu ihm um.

„Zum Archiv der vergessenen Träume geht es da lang", er wies mit dem Daumen über die Schulter ins Dunkel.

„Was?" Luna kniff die Augen zusammen. „Aber ich sehe da nichts!"

„Nimm einfach meine Hand."

Nach kurzem Zögern folgte Luna seiner Aufforderung und ging ihm hinterher. Um sie wurde es immer finsterer. Luna unterdrückte ein Frösteln. Immerhin war sie die ältere Schwester. Allerdings verhielt sich dieser Felix nicht unbedingt wie ein kleiner Bruder. Wobei – woher wollte sie das wissen? Sie kannte keine kleinen Brüder. Wie dem auch sei. Sie bemühte sich, nicht daran zu denken, was geschehen würde, wenn sie sich verliefen.

Gerade wollte sie sich möglichst beiläufig erkundigen, wie weit es noch war, da entdeckte sie ein kleines, warmes Licht. Und bald standen sie vor einer hohen Tür mit dicken

Milchglasscheiben. Darum herum herrschte weiterhin Schwärze. Felix drückte mit der freien Hand die wie eine Welle geschwungene Klinke herunter, ließ Luna los und öffnete ihr die Tür.

Das Archiv der vergessenen Träume bestand aus einem einzigen Gang, dessen Wände aus Regalen voller vergilbter Mappen ohne erkennbare Ordnung bestanden, die fünfmal so hoch aufragten wie Luna. Sie wurden von einem Kreuzrippengewölbe überspannt, dessen Schlusssteine die Mondphasen in einer endlosen Abfolge von Neumond bis Vollmond und von Vollmond bis Neumond zeigten. Staunend schritt Luna über die großen, steinernen Bodenplatten. Felix lief still neben ihr her.

„Hört das Archiv auch irgendwo auf?", wandte sie sich nach einer Weile an ihn.

„Wie sollte es, wo es doch immer mehr Träume geträumt und vergessen werden?", antwortete eine tiefe, rauchige Frauenstimme.

Luna hob den Kopf. Drei Meter über ihr kletterte eine Frau von einer langen Bibliotheksleitern zu ihnen herab. Sie war so dunkel wie ihre Stimme. Ihre Lackschuhe hatten breite, leicht erhöhte Absätze, die leise klackten, als sie von der letzten Sprosse stieg.

„Sucht ihr etwas Bestimmtes?", fragte sie.

„Nö, wir wollen nur ein bisschen stöbern", antwortete Felix munter.

„Na dann, du kennst dich ja aus. Stellt bloß alles ordentlich wieder zurück", mahnte die Archivarin und wandte sich dann dem nächsten Regal zu.

Da erblickte Luna hinter ihr auf einmal die gebeugte Gestalt, die sie bei ihrer ersten Fahrt mit dem Bus gesehen hatte. Ihre Jeans war aufgerissen und ihr T-Shirt vier Nummern zu groß. Lange, strähnige Haare verbargen ihr Gesicht. Ihre knochigen Finger blätterten raschelnd durch die Archivalien.

„Was die wohl sucht?", überlegte Luna halblaut.

„Einen Traum, den sie nicht hätte vergessen dürfen." Erneut klang Felix überraschend ernst, wechselte aber gleich zurück zu seinem unbeschwerten Ton. „Hey, ich habe eine Idee: Lass uns ein paar verrückte Träume besuchen und wer den schrägsten findet, gewinnt!"

Er rannte los.

Luna drehte sich noch einmal zu der gebeugten Gestalt um, bevor sie ihm nachlief. Sie wirkte nicht so, als könnte Luna ihr helfen, und Luna hätte auch gar nicht gewusst, wie.

14
In der Blüte der Träume

Felix zeigte Luna, wie sie in die vergessenen Träume reisen konnte, indem sie die Blätter berührte, die in den Archivmappen lagen.

Darauf waren die verschiedensten Bilder gedruckt, manche klar wie Fotografien, einige wie Illustrationen aus Büchern, viele eher verschwommene Aquarelle. Luna nahm sich immer einen Moment, um sie zu betrachten, bevor sie in den jeweiligen Traum abtauchte. Sie versuchte, zu erraten, was sie erwarten würde, lag jedoch fast immer falsch.

Hinter einem Bild mit einem Strandkorb lag ein zugewachsener Garten, hinter einer Porzellanpuppe ein Familienstreit. Für eine Verfolgungsjagd durch ein Viertel voller weißer Flachbauten stand stellvertretend ein zerbrochener Tonkrug und für einen gruseligen Abendspaziergang ein bläulich-grünes Wirrwarr, das Luna eher an eine Unterwasserlandschaft erinnerte.

Ein Teil der Träume war schön – schwerelose Ruheorte. Ein anderer war voller Hektik und aufgewühlter Emotionen. Ein weiterer schlicht verwirrend.

„Na, was gefunden?"

Gerade erholte sich Luna noch von einer unmöglichen Achterbahn-Fahrt auf einem Rasenmäher, da erschien mit einem Mal Felix vor ihr.

„Was?"

„Wir hatten doch gewettet, wer den schrägsten Traum findet!"

„Achso, na ja, du hast das gesagt. Ich habe nie eingeschlagen", relativierte Luna.

Felix schaute enttäuscht drein.

„Na gut, also vielleicht gab es da den einen mit dem Kraken…"

„Oh ja, der ist cool!", Felix nickte begeistert. „Den kenne ich zwar schon, aber das macht nichts. Lass uns hingehen!"

Und so hüpften sie von Traum zu Traum, bis Luna schwindelig war und sie sich an einem Regal abstützen musste. Das Archiv kippte.

Und ihr Vater stand vor ihr.

„Luna?" Er sah besorgt aus. „Du warst wohl ganz weit weg."

Sie blinzelte. Eben noch hatte Felix vor ihr gestanden, jetzt war er weg. War sie gleich in den nächsten Traum gefallen?

„Komm, steig ein, ich nehme deine Tasche." Ihr Vater öffnete ihr die Autotür. „Ich glaube, du musst ins Bett."

Benommen rutschte Luna auf den Beifahrersitz.

In den folgenden Nächten holte Felix Luna stets in seiner Krähenform ab und wies ihr unterschiedliche Wege in die Traumwelt: Eine Tunnelrutsche, eine Tür in einem Baum, ein Bilderrahmen, eine Kutsche mit pferdeähnlichen Wesen, die schwarz waren wie das Affenwesen im Bus und ebenso eine weiße Maske trugen.

Luna lernte neben der Archivarin auch endlich die Bäckerin und einen eifrigen Traumführer mit vier Armen und sechs Beinen kennen. Sie ritt auf der lila leuchtenden Bodenschlange, sog vergessene Träume wie gute Geschichten in sich auf und probierte sich durch alle Leckereien in der Backstube. Ihr Schulalltag war grau im Gegensatz zum bunten Leben in der Traumwelt und sie freute sich jeden Tag auf die Nacht. Freute sich darauf, Felix wiederzusehen.

15
Verträumt

Sie rannten und rannten. Doch das Pferd war natürlich schneller. Im gestreckten Galopp preschte es vor ihnen durch die hohe Wiese. Flippige Popmusik setzte ein, Luna ignorierte sie.

Felix lachte. Und sein Lachen war ansteckend. Lachend verwandelten sie sich in Krähen, schwangen sich hoch in die Lüfte und holten mühelos zu dem entwischten Rappen auf. Felix wurde direkt über dem Pferderücken wieder zum Jungen und griff beherzt in die wallende Mähne. Luna plumpste hinter ihn und gemeinsam preschten sie durch Mohn, Kornblumen, Margeriten und Wilde Möhre.

Erneut schlich sich Lunas Radiowecker in ihr Bewusstsein, erneut verdrängte sie ihn. Sie wollte vor dem Aufstehen noch Caspian zurück zu Minna bringen.

Inzwischen gelang es ihr ziemlich problemlos, sich in der Traumwelt zu halten. Manchmal musste sie sich deshalb sputen, um rechtzeitig zur Schule zu kommen, aber das nahm sie gern in Kauf, wenn sie dafür ein paar Minuten mehr mit ihrem Bruder verbringen konnte.

Minna belohnte ihren Einsatz mit frisch gebackenen Schokokeksen und so ließ Luna ihren Wecker noch ein wenig länger klingeln, obwohl er schon das fünfte Lied spielte. Schließlich verabschiedete sie sich mampfend von Felix, verwandelte sich mit einem Sprung in eine Krähe und schoss in die Höhe.

Der Geschmack der Kekse lag ihr noch auf der Zunge, als sie sich in ihrem Bett wiederfand. Sie machte sich rasch fertig und ging im Laufschritt zur Schule. Mechanisch erledigte sie die ihr gestellten Aufgaben und in den Pausen hockte sie sich mit einem Zeichenblock unter die Kastanie.

Als Luna nach Hause kam, wankte ihre Mutter ihr mit einem Stapel Kisten entgegen. Kurz vor dem Zusammenprall wich Luna zur Seite aus.

„Was ist denn hier los?"

„Ah, Luna, tut mir leid!" Ihre Mutter brachte ihre Last auf dem Sofa zum Stehen. „Gut, dass du kommst! Da sind noch zwei Kartons mit Büchern, die kriege ich allein nicht ins Wohnzimmer geschleppt."

Sie lief an Luna vorbei, die im Türrahmen stehen geblieben war, zurück in den Flur und in die Gerümpel-Kammer, die sie seit dem Umzug höchsten dreimal betreten hatte.

„Ich dachte, wir unternehmen dieses Wochenende mal wieder was zusammen", erklärte Lunas Mutter über die Schulter hinweg. „Ist ja schon eine Weile her, seitdem wir das letzte Mal rausgekommen sind, und am Sonntag ist großer Flohmarkt im Park!" Sie deutete auf eine Pappkiste und Luna fasste mit an. „Was hältst du davon?"

Sie setzten die Bücher vor dem Sofa ab. Mama strich sich den Schweiß aus der Stirn und lächelte Luna an. Da meldete sich Lunas schlechtes Gewissen: Ihre Mutter hatte recht, sie hatten lange nichts mehr zusammen unternommen, weil Luna an den Wochenenden meist lange schlief, um ihre Aufenthalte im Nachtland voll auszukosten.

„Okay", sie nickte und ein schelmisches Grinsen stahl sich auf ihr Gesicht. „Wird auch mal Zeit, dass wir das ganze Zeug loswerden, damit ich Platz für meine Bilder habe!"

16
Ruhe in Träumen

„Erstmal räumen wir die Kartons hier raus und dann zeigst du mir diese Bilder, von denen ich heute zum ersten Mal höre", schlug Lunas Mutter mit einer Mischung aus Erstaunen, Kränkung und Tatendrang vor. Luna stimmte zu, gewillt, ihre Abwesenheit der letzten Zeit wiedergutzumachen.

Sie kamen rasch voran. Nach einer halben Stunde legten sie eine Sandwich-Pause ein. Luna erzählte von der Deutschklausur, die sie vor zwei Tagen geschrieben hatte, und ihre Mutter von einer lustigen Begebenheit im Büro, bei der eine herrenlose Zeitschrift, ein Locher und der Joghurt einer Kollegin keine unbedeutenden Rollen spielten.

Während Mama nochmal auf die Toilette ging, nahm Luna bereits die letzte Ecke in Angriff. Sie hievte sich einen Stapel alter Decken auf den Arm. Dabei kam ein kleiner Karton zum Vorschein und Luna ließ die Decken gleich wieder fallen. Auf dem Karton stand „Felix". Mit angehaltenem Atem klappte sie ihn auf.

Darin befanden sich ein Bündel Glückwunschkarten und zwei Bücher zum Thema Schwangerschaft. Vorsichtig nahm Luna sie heraus. Darunter lagen ein paar Babyklamotten: winzige Söckchen, ein Mützchen, eine dunkelblaue Latzhose und ein kleiner Strickpullover. Ungläubig strich Luna mit den Fingern darüber.

„Na, schon fertig?"

Luna schrak zusammen, als ihre Mutter zurück in die Abstellkammer trat. Erst im Näherkommen erkannte Mama, welchen Karton Luna sich gerade ansah.

„Oh." Sie kniete sich neben Luna und holte den Pullover aus der Schachtel. Ein wehmütiges Lächeln breitete sich über ihr Gesicht.

„Den hat deine Oma für deinen Bruder gestrickt." Sie legte ihn behutsam zusammen und nahm stattdessen die Latzhose in die Hand. „Und die hat mir deine Tante Inga für ihn geschenkt." Sie sah sich suchend um. „Hier müssten auch noch irgendwo... ah, da!" Sie löste das Band von den Grußkarten.

Nach der dritten kamen ihr die Tränen. Luna rückte näher, lehnte sich gegen ihre Mutter, die sie in den Arm nahm und ihre Nase in Lunas Haaren vergrub. Eine Weile saßen sie so da und ließen die Trauer über sich hinweg rollen.

„Weißt du, alle haben sich auf deinen kleinen Bruder gefreut", murmelte Mama.

Luna nickte, sie erinnerte sich vage an all die Verwandten und Bekannten, die damals mindestens zweimal die Woche vorbeigekommen waren. Erinnerte sich an ihre Vorfreude, aber auch an die Sorge auf ihren Gesichtern.

Mama löste sich behutsam von Luna und lächelte sie aus verquollenen Augen voller Zuneigung an.

„Ich schätze, es wird Zeit, dass wir die Kleidung einem kleinen Bruder zukommen lassen, der sie auch trägt."

Kurz überlegte Luna, zu widersprechen und von dem Felix aus ihren Träumen zu erzählen, der die Sachen sehr wohl trug – seit über fünf Jahren! Aber sie war nicht sicher, ob ihre Mutter es verstehen würde. Und es nützte ja wirklich nichts, die Latzhose und den Pullover ewig aufzubewahren. Es war besser, die Sachen loszulassen.

17
Ein vergessener Traum

Luna war ein wenig nervös, als Mama sich ihre Bilder ansah. Sie studierte aufmerksam ihr Mienenspiel, während ihre Mutter mit derselben Aufmerksamkeit die Buntstiftexplosionen in Lunas Mathe-Heft betrachtete. Bei einem Bleistift-Porträt von Felix mit einer Krähe auf der Schulter hielt sie kurz inne, ehe sie es beiseitelegte – auf einen Stapel mit weiteren schwarzen Vögeln, Baumstudien und bunten Motiven aus der Traumwelt.

„Du bekommst das Zimmer", sagte sie schließlich entschieden. „Wir richten dir ein kleines Atelier dort ein. Ich müsste sogar irgendwo noch ein paar Malsachen haben…"

Tatsächlich fanden sie zwei Kisten voller Pinsel, Tusche, Wasserfarbkästen, Acryltuben, Schwämme, Kreiden, Lacke und verschiedener Papierblöcke. Die abgelaufenen Farben warfen sie weg. Aus dem Rest suchte sich Luna das zusammen, was ihr brauchbar erschien, und was dann noch übrig war, landete bei den Flohmarkt-Sachen.

Ganz zuunterst lag eine schlichte, braune Mappe, auf der in fein säuberlicher Schrift „Bewerbung an der Kunsthochschule" stand.

„Ich wusste gar nicht, dass ich die noch habe!" Mama nahm die Mappe so vorsichtig aus dem Karton, als handele es sich um ein schlafendes Kind.

„Ich habe sie nie eingereicht", erzählte sie. „Ich wollte lieber für dich da sein. Und wahrscheinlich hätten wir uns das Studium eh nicht leisten können", sie lächelte schief.

Luna linste ihr neugierig über die Schulter, als ihre Mutter die Mappe aufschlug. Zum Vorschein kam ein ordentlich in ein Passepartout gefasstes Aquarell von einer stürmischen Heidelandschaft. Mama blätterte weiter: die Studie einer Kaffeemaschine. Darauf folgten weitere Aquarelle, diesmal von unterschiedlichen Muscheln, ein Selbstporträt ihrer Mutter und eine Kohlezeichnung von einem schlafenden jungen Mann, in dem Luna erst beim zweiten Hinsehen ihren Vater erkannte. Mama errötete.

„Eigentlich müsste ich ihm das geben. Mal sehen, ob er sich noch wiedererkennt." Sie lachte ein bisschen und legte das Bild auf den Drucker; so ziemlich dem einzigen Ort, der vom Aufräumchaos verschont geblieben war.

„Und die anderen hängen wir in der Gerümpel-Kammer auf, dann wird es unser gemeinsames Atelier!", rief Luna begeistert.

Und nachdem die Kartons alle fertig sortiert und abfahrbereit im Flur aufgereiht waren, stießen sie mit einer Limonade darauf an.

„Du wirst nicht glauben, was heute passiert ist!"

Als Luna in dieser Nacht in die Traumwelt kam, wartete Felix bereits ungeduldig auf sie.

„Im Archiv wurde ein vergessener Traum abgeholt!"

Luna umarmte ihn und grinste breit.

„Cool! Ich glaube, ich weiß sogar, von wem…", und sie erzählte von der Mappe ihrer Mutter und dem geplanten Atelier.

„Vielleicht finde ich ja eine Staffelei auf dem Flohmarkt morgen", überlegte sie laut. „Und bestimmt gibt es jede Menge alte Rahmen!"

Felix wirkte nicht halb so euphorisch wie sie.

„Dann wirst du mich wohl kaum noch besuchen", meinte er und schob die Unterlippe vor.

„Keine Sorge, ich komme oft genug vorbei, damit du nicht im Archiv landest", sie zwinkerte aufmunternd.

„Und sowieso: Ich habe noch längst nicht genug vom Nachtland!"

Danksagung

Ich danke allen, die mich auf den verschlungenen Abenteuerpfaden hin zu diesem ersten veröffentlichten Roman begleitet haben.

Dazu kannst auch Du Dich jetzt zählen, nachdem Du dieses Buch gelesen hast. Ganz herzlichen Dank!

Auf das wir in Zukunft noch viele weitere Literaturreisen miteinander unternehmen!

Mia Sophie Schuth wurde in einer stürmischen Nacht 2002 in Kiel geboren. Sie schreibt, seit sie schreiben kann, und fühlt sich in ihren Phantasiewelten ebenso zuhause wie in ihrer norddeutschen Heimat am Meer.

Mit zwölf beendete sie ihren ersten Roman, mit 17 ein zweites Buchprojekt. Bisher sind allerdings nur Kurzgeschichten von ihr veröffentlicht worden. 2024 machte sie in Hildesheim ihren Bachelor in Philosophie-Künste-Medien.

Neben ihrer Leidenschaft für Literatur verwirklicht sie sich beim Malen und Zeichnen. Sie träumt schon lange davon, Bücher zu schreiben und sie selbst zu illustrieren. „Die Nacht ist zum Träumen da" ist ihr Romandebut.

Na?

Hast Du auch noch nicht genug vom Nacht-land? Dann lass es mich gerne wissen! Du er-reichst mich auf Instagram @may.besophie und auf meinem YouTube-Kanal „Sophies Wel-ten" gibt es Videos dazu, wie ich die Linol-schnitte zu diesem Buch angefertigt habe.

Ich freue mich immer über Feedback!

Bis bald,
Sophie